# BEI GRIN MACHT SICH IHR WISSEN BEZAHLT

- Wir veröffentlichen Ihre Hausarbeit, Bachelor- und Masterarbeit

- Ihr eigenes eBook und Buch - weltweit in allen wichtigen Shops

- Verdienen Sie an jedem Verkauf

Jetzt bei www.GRIN.com hochladen und kostenlos publizieren

**Bibliografische Information der Deutschen Nationalbibliothek:**

Die Deutsche Bibliothek verzeichnet diese Publikation in der Deutschen Nationalbibliografie; detaillierte bibliografische Daten sind im Internet über http://dnb.d-nb.de/ abrufbar.

Dieses Werk sowie alle darin enthaltenen einzelnen Beiträge und Abbildungen sind urheberrechtlich geschützt. Jede Verwertung, die nicht ausdrücklich vom Urheberrechtsschutz zugelassen ist, bedarf der vorherigen Zustimmung des Verlages. Das gilt insbesondere für Vervielfältigungen, Bearbeitungen, Übersetzungen, Mikroverfilmungen, Auswertungen durch Datenbanken und für die Einspeicherung und Verarbeitung in elektronische Systeme. Alle Rechte, auch die des auszugsweisen Nachdrucks, der fotomechanischen Wiedergabe (einschließlich Mikrokopie) sowie der Auswertung durch Datenbanken oder ähnliche Einrichtungen, vorbehalten.

**Impressum:**

Copyright © 2015 GRIN Verlag, Open Publishing GmbH
Druck und Bindung: Books on Demand GmbH, Norderstedt Germany
ISBN: 9783668318403

**Dieses Buch bei GRIN:**

http://www.grin.com/de/e-book/341811/konsumentenverhalten-und-die-bedeutung-von-waren-fuer-den-menschen-am-beispiel

Anonym

# Konsumentenverhalten und die Bedeutung von Waren für den Menschen am Beispiel des Romans „Vier Äpfel" von David Wagner

GRIN Verlag

**GRIN - Your knowledge has value**

Der GRIN Verlag publiziert seit 1998 wissenschaftliche Arbeiten von Studenten, Hochschullehrern und anderen Akademikern als eBook und gedrucktes Buch. Die Verlagswebsite www.grin.com ist die ideale Plattform zur Veröffentlichung von Hausarbeiten, Abschlussarbeiten, wissenschaftlichen Aufsätzen, Dissertationen und Fachbüchern.

**Besuchen Sie uns im Internet:**

http://www.grin.com/

http://www.facebook.com/grincom

http://www.twitter.com/grin_com

Johann Wolfgang Goethe-Universität Frankfurt am Main
Fachbereich Erziehungswissenschaften
Seminar: Kulturwissenschaftliche Perspektiven in den Erziehungswissenschaften
SS 2015

# Referatsausarbeitung

# Konsumentenverhalten und die Bedeutung von Waren für den Menschen

am Beispiel des Romans „Vier Äpfel" von David Wagner

Vorgelegt am: 12.11.2015

Fachsemester: 1
Studiengang: Master Erziehungswissenschaften

# Inhaltsverzeichnis

Einleitung ........................................................................................................................ 2
1. Der Roman „vier Äpfel" ............................................................................................. 2
2. Konsum und Konsumprozesse .................................................................................... 3
    2.1 Begriffsdefinition und Phasen des Konsums .......................................................... 3
    2.2 Gründe für den Konsum .......................................................................................... 4
    2.3 Der Entscheidungsprozess ....................................................................................... 6
3. Die Bedeutung von Waren und Konsum im Roman „vier Äpfel" .............................. 6
    3.1 Waren und (Kindheits) -erinnerungen .................................................................... 8
    3.2 Waren und die Liebe ............................................................................................. 10
4. Fazit ........................................................................................................................... 11
Literaturverzeichnis: ..................................................................................................... 13

# Einleitung

Konsumprozesse finden ständig und überall auf der Welt statt. Die Menschen konsumieren täglich, oft sogar unbewusst. Es ist bereits zum Alltag geworden, ein Leben wie es vor langer Zeit ohne Konsum stattfand, kann man sich in der heutigen Zeit kaum noch vorstellen. Die Gründe für den Konsum reichen in der heutigen Zeit weit über die Beschaffung von lebensnotwendigen Nahrungsmitteln hinaus. Mittlerweile kann man fast alles kaufen oder bestellen in Geschäften, Dienstleistungsunternehmen oder ganz bequem im Internet. Ständig werden neue Produkte auf den Markt gebracht, die noch besser und ausgeklügelter sein sollen und dem Verbraucher das Leben erleichtern oder versüßen sollen.

David Wagner beschäftigt sich in seinem Roman „vier Äpfel" auf vielseitige und anregende Weise mit dem Thema Konsum und Waren. Der Leser wird dadurch angeregt seinen eigenen Konsum und sein Kaufverhalten zu reflektieren. Diese Arbeit beschäftigt sich mit den Fragen: Was wird konsumiert und warum? Was veranlasst den Menschen sich unter der Vielfalt der Angebote für bestimmte Produkte zu entscheiden? Was hat Konsum mit Emotionen zu tun?

In der vorliegenden Arbeit wird zunächst in die Handlung des Romans und dessen Besonderheiten eingeführt. Nach einem theoretischen Einblick in das Thema Konsum und Konsumprozesse, wird dann die Bedeutung der Waren in Wagners Roman untersucht. Wegen des begrenzten Umfangs dieser Ausarbeitung, beschäftigt sie sich nicht mit jedem der behandelten Themen des Romans, sondern fokussiert sich auf Waren und Konsum in Bezug auf Erinnerungen und der Liebe.

## 1. Der Roman „vier Äpfel"

Der Roman „vier Äpfel" von David Wagner spielt von Anfang bis Ende in einem Supermarkt. Der Protagonist, dessen Namen nicht genannt wird, schildert aus der Ichperspektive und in der Gegenwart seinen Einkaufsprozess von dem Moment an indem er den Einkaufsmarkt betritt. Der Text besteht aus 144 kurzen Kapiteln und ist mit auffällig vielen Fußnoten versehen, die so zahlreich meist nur in wissenschaftlichen Texten zu finden sind.
Der männliche Protagonist schlendert im Verlauf des Romans durch viele Supermarktgänge, betrachtet die gefüllten Regale, legt einige wenige Produkte in seinen Einkaufswagen, assoziiert mit bestimmten Produkten etwas, beobachtet das Supermarktpersonal sowie einige Kunden. Neben den Motiven Waren, Konsum und Supermarkt werden auch immer wieder Kindheitserinnerungen und die verflossene Liebe des Protagonisten thematisiert. Der von

Liebeskummer geplagte Protagonist erinnert sich ständig während des Einkaufes an seine Exfrau, die nur als L. bezeichnet wird. Wenn es nicht irgendwelche Produkte sind, die ihn an sie oder gemeinsame Momente erinnern, bildet er sich ein sie im Supermarkt zu sehen oder sie auf dem Cover einer Zeitschrift zu entdecken. Zudem erinnern ihn einige Produkte an seine Kindheit. So erzählt er beispielsweise wie er früher als Kind im „Tante-Emma" -Laden eingekauft hat oder beim Bauernhof frische Milch geholt hat. Diese häufig auftretenden Sequenzen in denen er ausgiebig seine Erinnerungen schildert, lassen den Leser jegliches Zeitgefühl verlieren. Man bekommt den Eindruck der Einkauf ziehe sich über mehrere Stunden hin. Die detaillierten Beschreibungen der Ware und die Schilderung seiner aufkommenden Erinnerungen, Gedanken und Überlegungen vermitteln dem Leser das Gefühl man würde direkt neben dem Protagonisten im Supermarkt stehen und ihn bei seinem Einkauf begleiten. Man nimmt somit automatisch die Perspektive des Käufers ein, erinnert sich vielleicht an ähnliche Gedanken oder Fragen, die einen bei der Auswahl von Produkten bereits überkamen oder ertappt sich dabei, dass man auf die ein oder anderen Verkaufsstrategien oder Werbeversprechen, die der Protagonist anspricht, schon einmal selbst reingefallen ist. Somit wird der Leser dazu angeregt das eigene Konsumverhalten kritisch zu hinterfragen.

## 2. Konsum und Konsumprozesse

Das folgende Kapitel soll zunächst eine kurze Einführung in die theoretischen Hintergründe zu Konsum geben, um sie anschließend mit dem Roman in Verbindung zu setzen. Das Kapitel vermittelt einen Einblick in die Gründe warum Menschen konsumieren und was sie dazu bewegt sich unter dem vielfältigen Angebot für bestimmte Artikel zu entscheiden.

### 2.1 Begriffsdefinition und Phasen des Konsums

Zunächst erscheint eine Klärung des Begriffes Konsum sinnvoll. Wiswede (2013, S. 23) definiert Konsum wie folgt:

> *„Der Begriff Konsum bezeichnet sämtliche Verhaltensweisen, die auf die Erlangung und private Nutzung wirtschaftlicher Güter und Dienstleistungen gerichtet sind. Diesen Prozeß kann man unter verschiedenen Aspekten betrachten: als Vorgang der Einkommensverwendung, als Vorgang der Marktentnahme oder als Vorgang der Nutzung dieser Güter durch den Konsumenten bzw. durch den Haushalt".*

Wiswede und Scherhorn (Wiswede 1972; Scherhorn et al. 1997) betrachten Konsum und Konsumverhalten als genetische Abfolge verschiedener Stadien:

- Bedürfnisentstehung, Bedürfnisreflexion und Bedarfsfeststellung,
- Kriterienwahl und -gewichtung für die Beschaffungs- und Nutzungsentscheidung,
- Informationssuche und -auswertung mit anschließender Wahlentscheidung,
- Die Durchführung des Kaufs (Beschaffung),
- Den eigentlichen Konsum (Gebrauch, Verbrauch, Nutzung oder Demonstration),
- Entsorgung bzw. Tausch, Verschenken, Verkaufen usw.,
- Weichenstellung für künftigen Bedarf (Wiswede 2013, S. 23).

Solomon (2013, S. 23) teilt den Konsumprozess ebenfalls in Phasen auf: Die drei Phasen bestehen aus der Phase *vor dem Kauf*, *während des Kaufs* und *nach dem Kauf*. In der ersten Phase identifiziert der Konsument ein Bedürfnis oder einen Wunsch, in der darauf folgenden tätigt dieser einen Kauf und in der letzten reflektiert der Konsument, ob das Produkt seinen Nutzen erfüllt/ Freude bereitet und entledigt sich gegebenenfalls wieder des Produktes.

## 2.2 Gründe für den Konsum

Nun stellt sich die Frage *warum* Menschen eigentlich konsumieren.
Wie bereits Maslow (1954) in seiner Bedürfnis-Pyramide aufzeigte, haben Menschen bestimmte Bedürfnisse. Der Mensch braucht, u.a. um sein Überleben zu sichern, ausreichend Nahrung, eine Behausung, Kleidung und einen Beruf. Damit diese Grundbedürfnisse befriedigt werden können, konsumiert der Mensch. In der heutigen Gesellschaft ist jedoch oft nicht nur die Befriedigung der Grund- bzw. Existenzbedürfnisse bedeutsam, sondern auch weitere Bedürfnisse nach speziellen Lebensmitteln, modischer Kleidung, schöner Einrichtung, Urlauben sowie nach kostspieligen Freizeitaktivitäten haben sich entwickelt. Vor allem elektronische Geräte sind für die Mehrheit nicht mehr aus dem Alltag zu entbehren. Solange bestimmte Wünsche eines Individuums nicht erfüllt sind, wird dies als Mangel empfunden, der beseitigt werden soll indem das Bedürfnis befriedigt wird. Der Mangel bzw. das Bedürfnis ist die motivierende Kraft etwas zu kaufen. Mit der zunehmenden Befriedigung eines bestimmten Bedürfnisses nimmt diese Kraft ab.

Da Bedürfnisse wie Essen, Trinken und Sicherheit in den Industrieländern meist quantitativ ausreichend befriedigt sind, arbeitet das Marketing mit dem Bedürfnis nach Qualität und Innovationen. Anstatt mit Leitungswasser beispielsweise wird Durst erst mit Mineralwasser und später dann mit aromatisiertem oder vitaminhaltigem Wasser gestillt (vgl. SDI-Research).

Ein weiterer Faktor, der den Menschen zum Konsum antreibt, ist der Wunsch nach Abwechslung. Dem modernen Menschen werden zahlreiche Möglichkeiten geboten das

Leben und den Alltag abwechslungsreich zu gestalten. Viele streben nach ausgleichenden Hobbys, Lebensmitteln und Produkten aus aller Welt, außergewöhnlichen Reisen und zahlreichen anderen Möglichkeiten. Mittlerweile ist Konsum nicht nur noch Mittel zum Zweck, sondern der Prozess an sich ist bereits bei einer Vielzahl der Bevölkerung zum Hobby geworden. Mit einer Shopping-Tour mit Freunden belohnt man sich selbst und das bequeme Online-Shopping sowie das Ersteigern von Online-Ware ist bei einigen schon Zeitvertreib oder sogar zur Sucht geworden (vgl. Delta21 2014). Zudem streben die Konsumenten immer mehr nach Individualisierung und Selbstverwirklichung. Durch das jeweilige Konsumverhalten kann der Einzelne seine Persönlichkeit ausdrücken oder versucht es zumindest mithilfe bestimmter Produkte. Das kann auch unterstützen, dass sich Gleichgesinnte zu einer Interessensgemeinschaft zusammenfinden, beispielsweise Extremsportler, Oldtimerliebhaber oder Modellbauer. Viele nutzen das vielfältige Warenangebot zu einer Art Selbstinszenierung indem man bestimmte Kleidung wählt oder meidet und Marken aufgrund des damit verbundenen Images kauft (vgl. Delta 21). Materialistisch eingestellte Menschen bringen ihr Selbstwertgefühl in einem größeren Ausmaß mit Produkten in Verbindung (vgl. Solomon 2013, S. 165).

*„Der Konsum von Waren dient demnach heute nicht mehr nur der Befriedigung alltäglicher Bedürfnisse, sondern ist vielmehr zu einem Ritual des öffentlichen und gemeinschaftlichen Lebens geworden, durch das Identität nicht nur gewandelt, sondern auch neu geschaffen wird"* (Grunenberg 2012, S. 3).

Csikszentmihalyi und Rochberg-Halton (1989) zufolge führen die Symbole, die mit den Waren verbunden werden nicht nur die Eigenschaften der Person, die sie tatsächlich hat, sondern auch Charakterzüge oder Merkmale, die sich im Individuum erst generieren (sollen). Somit kann der Kauf von Sportschuhen beispielsweise dem Käufer das Gefühl von Sportlichkeit vermitteln bevor er überhaupt körperlich aktiv ist. Das gekaufte Produkt dient also dazu, das tatsächliche Ich des Besitzers dem Selbst-Ideal näher zu bringen (vgl. Pape 2012). Jedoch ist diese Annäherung des Selbst an das Idealbild nicht immer auch mit einer bestehenden Absicht der Zielerreichung verbunden. Häufig dient der Kauf eines bestimmten Produktes dem Konsumenten als Ersatz für nicht vorhandene Eigenschaften oder Werte, die er oder sie gerne hätte oder nach außen gerne ausstrahlen möchte. Zufriedenstellend ist dieser Kauf aber vermutlich nicht dauerhaft, also kauft der Konsument weiter, um die Lücke zu füllen (vgl. ebd.). Häufig wird also konsumiert, da man unzufrieden mit dem Ist-Zustand ist und klammert sich an die Hoffnung, die durch Werbung verstärkt wird, bestimmte Produkte können unser Leben verbessern und uns zu dem Menschen machen, der wir gerne sein möchten.

## 2.3 Der Entscheidungsprozess

Bei der Entscheidung welches Produkt man kauft, spielen zahlreiche bewusste und unterbewusste Faktoren eine Rolle. Wenn man sich Informationen zu dem Produkt beschafft hat, sieht sich der Kunde nach Alternativen um und vergleicht diese, beispielsweise welcher der Äpfel sieht schöner oder natürlicher aus, welcher ist günstiger, welcher ist Bioqualität, woher kommen die verschiedenen Äpfel? Das Produkt selbst kann zudem als emotionsauslösender Stimulus fungieren (vgl. Pezoldt/ Kerl 2007, S. 38):

„Wenn eine Person bestimmte Produkte in Betracht zieht, reagiert sie nicht nur bewusst auf offenkundige Leistungsmerkmale, sondern auch auf eher unterschwellige Signale" (Kotler/ Keller/ Bliemel 2007, S. 284). Diese Signale sind Gefühle und Verknüpfungen im Unterbewusstsein, die durch die Größe, das Gewicht, dem Material, Farben, Markennamen und Verpackungen des Produkts ausgelöst werden können (vgl. ebd.). Bestimmte Waren haben ein größeres emotionales Potenzial, dies ist der Fall, wenn sie mit bedeutsamen Zielen und Werten für den Konsumenten verbunden sind (vgl. Pezoldt/ Kerl 2007, S. 38). Alle Produkte auf dem Markt werden von einem Konsumenten emotional unterschiedlich bewertet, häufig passiert diese Beeinflussung unbewusst. Es kann davon ausgegangen werden, dass der Käufer das Produkt mit der für ihn positivsten emotionalen Bewertung wählt (vgl. ebd., S. 39). Ein Reiz wird also durch das Produkt und dessen Farbe, Form, Duft oder ähnlichem ausgelöst. Entspricht dieser einem bereits abgespeicherten emotional aufgeladenen Konzept, erfolgt eine emotionale Reaktion, die eine Kaufentscheidung positiv oder negativ beeinflussen kann (vgl. ebd., S. 42).

## 3. Die Bedeutung von Waren und Konsum im Roman „vier Äpfel"

Für den Protagonisten im Roman ist das Einkaufen nicht einfach nur ein Muss, um seine Lebensmittel zu beschaffen, die Waren sind für ihn eine Art Ausstellung, die an frühere Zeiten erinnert und Hoffnungen auf eine bessere Zukunft machen. Der Einkauf ist für ihn eine Art Flucht aus dem Hier und Jetzt in bessere Zeiten. Der Supermarkt wird dargestellt als ein Ort,

„an dem Konsumenten über ihre eigenen Wünsche, Erwartungen und Charaktereigenschaften nachdenken" (Grunenberg 2012, S. 5). Die Hauptfigur hegt, wie viele andere Konsumenten auch, die Hoffnung ein spezielles Produkt könnte das Leben verbessern, erleichtern oder die Person zu einem besseren (beispielweise durch den Kauf von Bio- oder Fairtrade-Produkten) oder attraktiveren Menschen machen.

> *„Soll ich mich verführen lassen? Brauche ich nicht vielleicht doch einen Eis-Crusher? Säße ich dann nicht viel öfter auf dem Deck meiner imaginären Yacht, einen Drink in der Hand? [...] Die Illusion, vielleicht doch ein anderes Leben führen zu können, hege ich also immer noch, die Hoffnung mein Dasein könnte praktischer, gemütlicher und schöner werden, ist noch in mir lebendig, womöglich helfen da vier verchromte Kochplattenhauben oder ein Haushaltsscherenset oder ein Weinkühlstab? [...] Sie machen mich glauben, für kurze Zeit jedenfalls, alles würde immer besser"* (Wagner 2009, S. 91 ff.).

Der Protagonist des Romans gibt offen zu, dass auch er seine Kaufentscheidungen nicht immer nach seiner persönlichen Präferenz trifft, sondern mithilfe eines speziellen Produktes ein bestimmtes Bild von sich und seinen Wertevorstellungen bzw. seiner Lebensweise positionieren möchte. Er kauft eine spezielle Biozahnpasta, um seinen weiblichen Gästen ein Bild von sich als gesundheits- und umweltbewussten Verbraucher zu vermitteln:

> *„ [...] und eine Zeitlang habe ich Zahnpasta nur in der Biodrogerie gekauft, um bei Besucherinnen in meinem Badezimmer Eindruck zu schinden"* ( vgl. ebd., S. 99).

Die Hauptfigur hat, wie viele andere Konsumenten auch, die Intention durch den Konsum eines Produktes bestimmte gewünschte Eigenschaften zu generieren. Ein digitales Springseil löst ihn ihm die verlockende Vorstellung aus, er würde mit dem Kauf zu einem sportlichen Mann, der fit und durchtrainiert aussieht. Allein der Wunsch und die Vorstellung davon treiben viele Menschen zum Kauf bestimmter Produkte, sogar wenn sie unterbewusst bereits wissen, dass sie es sowieso nicht (regelmäßig) benutzen werden. Der Protagonist geht in seiner Fantasie noch einen Schritt weiter und stellt sich vor nicht nur er würde zu einem sportlicheren Menschen, sein ganzes Leben wäre dann ein anderes, in seinen Vorstellungen wahrscheinlich ein besseres Leben, ohne die Sehnsucht nach L.:

*„[...] das war kurz nach meiner Begegnung mit dem digitalen Springseil, [...]. Noch bevor ich es durch die transparente Blisterverpackung näher gemustert hatte, sah ich mich schon in professioneller Sportbekleidung, die ich gar nicht besitze, verschwitzt im Keller eines Hauses, das ich gar nicht kenne, im Übungsraum trainieren, sah mich in einem engen T-Shirt, unter dem sich meine Bauchmuskeln wie Heizrippen abzeichneten, (...), in einem völlig anderen Leben und hörte mich zu einer mir unbekannten blonden Frau, die in einer offenen amerikanischen Küche stand, Hallo Liebling sagen. [...] und schon im nächsten Augenblick sah ich uns beide halbnackt auf der Küchenarbeitsfläche liegen [...]"* (ebd., S. 54).

## 3.1 Waren und (Kindheits) -erinnerungen

Erinnerungen spielen, wie bereits erwähnt, eine zentrale Rolle für den Protagonisten. Dies lässt sich an vielen Textpassagen erkennen. Angeregt von verschiedenen Düften, Geräuschen oder den Produkten selbst, die ihn an frühere Zeiten erinnern, geht er seinen meist sehnsüchtigen Gedanken und Rückblicken in seine Kindheit nach.

*„Die Tiefkühltorten, über die ich mich nun beuge, sehen auf ihrer Verpackung immer köstlich aus. Einmal brachten sie mich auf den Gedanken, mir eine tiefgefrorene Schwarzwälder Kirschtorte zu kaufen und einen Sonntagnachmittagskaffee nachzustellen, wie es ihn, das muß vor Äonen gewesen sein, bei Oma und Opa gegeben hatte, [...] – Sonntagnachmittage in unendlich weiter Ferne. Ich erinnere mich an sie nur, wenn ich Tiefkühltorten sehe [...]"* (Wagner 2009, S. 16).

Die Supermarktangestellte, die Milchkartons und Trinkjoghurt sortiert, erinnert ihn daran wie seine Mutter ihn früher als Kind immer Milch holen geschickt hat. Daraufhin folgt eine zweiseitenlange Beschreibung seiner Erinnerung an das Milchholen vom Bauernhof im Ort (vgl. ebd., S. 21 ff.).

Als er in die Frischfischabteilung gelangt, erkennt er diese sofort am Sounddesign: er hört Meeresrauschen und Möwengeschrei. Als es auch noch nach Meersalz riecht, fragt er sich, ob es zu dem Sound auch noch ein Duftdesign gibt, das beim Kunden positive Erinnerungen und Assoziationen hervorrufen soll, wie beispielsweise der Urlaub am Meer, romantischer Fischfang traditionell in alten Museumsdörfern oder den Fischmarkt in Paris (vgl. ebd., S. 41 ff.). Im Idealfall führen diese Reize durch Duft- und Sounds zu einer emotional positiven Reaktion bei dem Kunden, die diesen dann zum Kauf eines oder mehrerer der angepriesenen

Waren bewegt.[1]

Zudem stellen Erinnerungen selbst eine Ware, die konsumierbar ist, ohne dass sie erlebt wurde, für den Protagonisten dar (vgl. Grunenberg 2012, S. 10):

„*Ich würde mir gerne mehr Erinnerungen kaufen, gern auch Erlebnisse, an die ich mich dann erinnern könnte, ohne sie je gehabt zu haben*" (Wagner 2009, S. 61) und

„*Wäre doch schön [...], wenn ich jetzt an einen Stand käme, an dem es Frühergerüche und Urlaubsdüfte zu kaufen gäbe, Sommertag in der Provence, Sylter Salzluft, Bergwiese im Voralpenland, Großmuttermief, Mittelstufenklassenzimmer nach dem Sportunterricht, Kartoffelkellermuff, Babyduft und erster Freund / erste Freundin mit Pubertätsaroma*" (ebd., S. 85).

Dieses Bedürfnis fehlende Erinnerungen, die nicht dem eigenen Erleben entstammen und kein Bezug zur eigenen Biografie haben müssen, dienen dem Protagonisten dazu seine Vergangenheit zugunsten einer anderen zu rekonstruieren, allerdings nur für einen kurzen Moment (vgl. Grunenberg 2012, S. 10). Die Vorstellung von Ware, die künstliche Vergangenheiten schaffen kann, macht die Unzufriedenheit des Protagonisten deutlich. Er sehnt sich nach einer anderen, besseren Vergangenheit, einer Vergangenheit in der seine L. und er sich nicht getrennt haben. Die Erinnerungen des Protagonisten, die überwiegen, sind nicht die an seine Kindheit, sondern an seine vergangene Liebe L. Der Leser bemerkt innerhalb weniger Zeit, dass die Hauptfigur des Romans unter starkem Liebeskummer leidet, denn ständig löst ein Produkt oder eine andere Kundin bei dem Protagonisten Gedanken an seine L. aus.

„*Die Frau, die eben aus dem Marmeladengang abgebogen ist, steuert mir nun wieder entgegen, sie sieht L. eigentlich doch nicht ähnlich, nein, und ich frage mich, warum ich sie dann mit ihr in Verbindung bringen konnte, ja wieso ich überhaupt an L. denke, ich will das doch gar nicht mehr. [...] Wahrscheinlich haben die Strumpfhosen mich an L. erinnert [...]*" (Wagner 2009, S. 29 f.).

Seine Kaufentscheidungen hängen von den Gedanken und damit verbundenen Emotionen ab, die er bezüglich eines Produktes hat. Er hat die frischen, folienverschweißten Ravioli gerne

---

[1] siehe Kapitel 2

gekauft und gegessen bis L. ihm einmal erzählt hat, dass in manchen Spitzenrestaurants die müffelnden Steinpilze vom Vortag in den Ravioli verarbeitet werden (vgl. ebd., S. 32). Dies führte bei ihm zu einer Verknüpfung mit negativen Emotionen zu diesem Produkt, die seine Kaufentscheidung scheinbar stark beeinflusst. Ähnlich wird dem Protagonisten bewusst, dass seine Wahl des Waschpulvers noch immer beeinflusst ist von L.:

*„Um mich abzulenken, zähle ich die Fein-, Woll- und Vollwaschmittel sowie die Weichspüler im Regal, da erst fällt mir auf, daß ich noch immer das Waschpulver kaufe, das L. gekauft hat"* (ebd., S. 81).

Der Protagonist reflektiert seine eigenen Handlungen und Gedanken, jedoch herrscht ein innerer Kampf zwischen seinem Verstand und der Wunschvorstellung der Kauf eines Produktes könnte ihm L. zurückbringen:

*„Vor einiger Zeit habe ich hier einen elektrischen Eis-Crusher gesehen und mich sofort, reflexhaft gefragt, ob sich mein Leben durch den Kauf eines solchen Gerätes nicht völlig ändern müßte. Bis kurz davor hatte ich zwar nicht gewußt, daß mir ein Eis-Crusher fehlte, schon aber sah ich L. und mich mit Mojitos in der Hand auf dem Deck einer Yacht, sah uns unter Palmen, sah uns auf einer riesigen Dachterrasse und auch an einem Strand, der neue Eis-Crusher wie ein Talisman des schönen Lebens immer mit auf dem Bild"* (Wagner 2009, S. 88).

## 3.2 Waren und die Liebe

Der Protagonist in Wagners Roman wird, wie zuvor bereits erwähnt, von starkem Liebeskummer geplagt. Die meiste Zeit während seines Einkaufs wird er an L. erinnert oder überlegt was wäre, wenn er sie nie kennengelernt hätte. Er sehnt sich danach diesen Zustand endlich zu überwinden und hofft im Supermarkt seiner zweiten großen Liebe zu begegnen, um L. vergessen zu können und damit sich am Ende doch noch alles zum Guten wendet. In seiner Verzweiflung spielt er mit dem Gedanken bestimmte Produkte könnten ihn so unwiderstehlich machen, wie es in der Werbung suggeriert wird, und somit die Aufmerksamkeit der Frauen/ einer Frau auf sich ziehen zu können:

*„ [...] Vielleicht sollte ich es wie die Männer in der Reklame machen und mir ein bestimmtes Deodorant nicht nur unter die Achseln, sondern auch auf die Brust*

> *sprühen, um so etwas noch einmal zu erleben. Ich erinnere mich an einen Werbespot, in dem ein Paar nackt und zerzaust morgens im Bett aufwacht und der Spur seiner im sexuellen Rausch fortgeschleuderten Kleidungsstücke folgen muß. [...] Ihre Schnitzeljagd endet im Supermarkt, zwischen zwei verlassenen Einkaufswagen finden sie ihren zweiten Schuh. Vor den Tomatensaucen waren sie sich begegnet, als hätten sie sich zufällig irgendwo im Wald getroffen, beim Beerensuchen, auf einer Lichtung, tausend Generationen zuvor"* (Wagner 2009, S. 40).

In einer seiner Fantasien, malt sich der Protagonist aus wie sich zwei Menschen im Supermarkt begegnen, die genau die gleichen Waren in ihren Einkaufswagen liegen haben. In seiner Vorstellung haben sich hier die perfekten Partner gefunden anhand ihrer gemeinsamen Vorlieben für bestimmte Produkte (vgl. Wagner 2009, S. 13). Sein Wunsch endlich die richtige Partnerin zu finden und das am besten noch ganz einfach beim wöchentlichen Supermarkteinkauf wird auch wieder deutlich als er einem seiner Tagträume nachgeht in dem er sich ausmalt den perfekten Lebenspartner könne man als Ware in Supermärkten kaufen. In Regalen mit der Aufschrift »MÄNNER/FRAUEN IM ANGEBOT« kann man sich seinen idealen Partner zusammenstellen. Man wählt einfach die gewünschten geistigen sowie körperlichen Eigenschaften aus und bei Bedarf können noch gemeinsame Erinnerungen von Urlauben, der Hochzeit und anderen Erlebnissen aufgespielt werden (vgl. Wagner 2009, S. 35 ff./ Grunenberg 2012, S. 14).

Letztendlich muss der Protagonist in Wagners Roman sich eingestehen, dass er trotz aller Hoffnungen, seine große Liebe nicht einfach in einem Supermarkt kaufen kann:

> *„Etwas in mir glaubt noch immer, daß sich mit einer zweiten großen Liebe alles lösen und dann fügen könnte. Leider kann ich diese große Liebe hier im Supermarkt nicht kaufen, [...]"* (Wagner 2009, S. 129).

## 4. Fazit

Zusammenfassend kann man festhalten, dass Wagner sich in seinem Roman mit dem Phänomen des Konsums auseinandersetzt und verschiedene Aspekte des Konsumierens beleuchtet. Das Konsumieren ist in der modernen Welt ständig Bestandteil im alltäglichen Leben, nicht nur während man einkauft. Der Mensch kauft schon lange nicht mehr nur noch lebenswichtige Nahrung und Haushaltsgegenstände, er/sie konsumiert Mode, Musik,

Entertainment, Freizeitaktivitäten, Produkte zur Stressreduzierung und definiert darüber sich selbst. Mit dem was man konsumiert kann man der Außenwelt zeigen wer man ist oder wer man gerne sein würde, wie man lebt, kann klare Statements setzen, sich für oder gegen etwas aussprechen oder versucht einfach die Eigenschaften, die man gerne besitzen würde durch den Erwerb eines Produktes zu erlangen. Bei der Entscheidung welches Produkt von welchem Hersteller man kauft, spielen u. a. ausgeklügelte Marketingstrategien eine wichtige Rolle, aber auch individuelle Emotionen und Erinnerungen, die uns unbewusst beeinflussen.

Auf diese Weise wird auch Wagners Protagonist während des Einkaufs immer wieder von Erinnerungen und Emotionen beeinflusst. Er meidet Produkte über die seine Liebe L. in früherer Zeit etwas Negatives erzählt hat, er kauft aus Gewohnheit und Erinnerungen an die guten alten Zeiten mit L. Waren, die sie auch immer kaufte oder die er mit ihr in Verbindung bringt. Zudem gibt es Produkte mit Nostalgiefaktor, also jene, die bei ihm Erinnerungen an seine Kindheit hervorrufen. Diese Produkte sind meist unterbewusst mit positiven Emotionen belegt und beeinflussen somit die Kaufentscheidungen.

Anhand des Protagonisten wird zudem verdeutlicht, dass die Produkthersteller mit der bestehenden Unzufriedenheit und den daraus resultierenden Hoffnungen der Menschen arbeiten. Der Protagonist ist unglücklich, weil seine große Liebe sich von ihm getrennt hat und er nun alleine ist. Er hegt die Hoffnung, dass mit dem Kauf bestimmter Produkte sein Leben besser wird und wieder mehr an Sinn gewinnen könnte. So wie ihm geht es wohl der Mehrzahl der Menschen, viele die unzufrieden und unerfüllt sind, haben die Illusion ihr Leben könnte durch den Erwerb bestimmter Produkte sinnvoller, besser oder einfacher werden. Da dies aber meist nicht nur durch den Kauf spezieller Dinge funktionieren kann, bleibt die Unzufriedenheit und es wird immer weiter konsumiert. Diese unerfüllten Bedürfnisse der Menschen sind die beste Voraussetzung für die Wirtschaft und die Marketingexperten neue Produkte an den Konsumenten zu bringen. Schlussendlich muss der Protagonist aus "vier Äpfel" auch einsehen, dass er manches, beispielsweise die Liebe, vermutlich niemals in einem Supermarkt oder sonst wo kaufen kann.

# Literaturverzeichnis:

Solomon, M. R. (2013): Konsumentenverhalten. Pearson, München.

Wagner, David (2009): Vier Äpfel. Rowohlt Verlag, Reinbeck bei Hamburg.

Wiswede, Günter (2013): Konsumsoziologie- Eine vergessene Disziplin. In: Rosenkranz, D./ Schneider, N. F.: Konsum. Soziologische, ökonomische und psychologische Perspektiven, S.23-72. Springer-Verlag.

## Internetquellen:

Delta21. Portal für nachhaltige Lebensführung (2014): Warum konsumieren wir? Unter: http://www.delta21.de/informieren/konsum-vermeiden/warum-konsumieren-wir.html [06.11.2015]

Grunenberg, R. (2012): Kulturwissenschaft und Warenästhetik am Beispiel von David Wagners Roman »Vier Äpfel«. Unter: http://www.pop-zeitschrift.de/2012/12/12/kulturwissenschaft-und-warenasthetikam-beispiel-von-david-wagners-roman-vier-apfelvon-robert-grunenberg12-12-12/ [05.11.2015]

Pape, S. (2012): Weinkonsum. Eine Studie zu sozialstrukturellen Determinanten und Lebensstilen im Feld des Weines. Springer Verlag, Wiesbaden. Unter: http://www.springer.com/978-3-658-00206-0 [08.11.2015]

Pezoldt, K.; Kerl, I. (2007): Ilmenauer Schriften zur Betriebswirtschaftslehre 2007. Emotionale Konsumentenentscheidungen: Worin sich Frauen und Männer unterscheiden. Verlag proWiWi e. V., Ilmenau.
Unter: www.econstor.eu/obitstream/10419/55689/1/661844587.pdf [06.11.2015]

SDI-research (1997-2015): Marktforschung, Motiv- und Trendforschung. Unter: www.sdi-research.at/lexikon/beduerfnishierarchie.html&h=343&w=500&tbnid=6cqr11BSQDBTfM:&t

bnh=90&tbnw=131&usg=__do4bw4DFsbWR2V8bqugDblsYrHo=&docid=T0fQKmBhwhA8HM&sa=X&ved=0CCcQ9QEwAmoVChMIq_mg8LnqyAIVxXsOCh0XXQ_0 [05.11.2015]

Torik, A. (2009): Vier Äpfel. Warenemotionen und wahre Emotionen. Unter: http://www.aleatorik.eu/category/der_sache_nach/lessons_lectures/wagner-vier-apfel/ [05.11.2015]

# BEI GRIN MACHT SICH IHR WISSEN BEZAHLT

- Wir veröffentlichen Ihre Hausarbeit, Bachelor- und Masterarbeit

- Ihr eigenes eBook und Buch - weltweit in allen wichtigen Shops

- Verdienen Sie an jedem Verkauf

Jetzt bei www.GRIN.com hochladen und kostenlos publizieren